AF266897

L'ORGANISATION

DU TRAVAIL

PAR V. V.

LYON

CHANOINE, IMPRIMEUR ET LITHOGRAPHE

18, place de la Charité.

—

1848

L'ORGANISATION

DU TRAVAIL

L'ouvrier, livré à ses propres ressources industrielles, a besoin de se créer un appui pour soutenir sa vieillesse et ses infirmités. Cet appui lui a été procuré jusqu'aujourd'hui par les gouvernements, mais d'une manière plus ou moins humiliante. Le citoyen travailleur, devenu invalide, ne doit point être froissé et confondu dans la mendicité. L'ouvrier, pour se préserver de cette fatale destinée, ne demande l'aumône à personne; il ne demande que l'appui et le concours des lumières du gouvernement, sans lesquels une aussi belle entreprise ne peut exister : je veux parler de l'organisation des travailleurs en société.

La création et le maintien de société, telle que celle dont je donne l'exposé dans le présent ouvrage, c'est-à-dire l'incorporation des masses d'ouvriers en société, n'est pas pour la République un épouvantail comme elle était pour les autres gouvernements; au contraire, c'est un lien qui la consolidera : c'est l'union qui fait la force.

Le bienfait des établissements de société est tel, que, outre qu'il se crée des ressources, il améliore les mœurs des hommes... L'homme, dans son existence normale, est humain, mais il est aussi brusque et redoutable; son défaut d'instruction et de fraternité le dispose à tout croire, à tout faire, le bien et le mal sans distinction, et même à son préjudice; nous venons d'en avoir la preuve toute récente : sortant de conquérir leur liberté, ils sont allés, comme des aveugles, détruire leurs ressources et perdre leur confiance.

Aussi, je n'hésite pas à le dire: ceux qui, de mes collaborateurs, ont eu la faiblesse de se prêter à ces désastreuses calamités sont des ignorants; ils ont créé la discorde et effrayé les esprits; l'État en danger, ils lui ont amoindri ses forces et diminué ses ressources, puisque le dégât reste à sa charge.

Les chemins de fer sont, de tous les établissements industriels, ceux qui ont le plus souffert dans ces espèces de massacres. Eh bien! ils avaient, disaient-ils, deux motifs pour cela. Le premier privait des bras; en effet, il privait quelques rouillers de voyager nonchalamment le fouet à la main, et en échange, les chemins de fer ont l'avantage de créer un déplacement de voyageurs et de marchandises double et triple de celui d'auparavant, et dont les routes et les villes profitent du bénéfice du transit. Je suis un moment d'accord avec eux sur cette question, qu'un grand nombre, non pas d'hommes, mais de chevaux, vivent du bénéfice de la route; le fermier aussi, c'est vrai, y trouvait le débouché de ses fourrages. Mais la terre qui produit du fourrage peut aussi produire du blé ou d'autres céréales propres à l'usage de l'homme; et il est, à mon avis, bien plus rationnel d'alimenter l'espèce humaine que l'espèce brutale.

L'autre motif était qu'en détruisant une immense quantité de locomotives, il créait un surcroît de travail aux ouvriers mécaniciens. Mais nous avons tous connaissance que les Chambres ont voté plus de chemins de fer que les ressources du pays ne permettent d'en faire; or, si les ressources étaient plus grandes, il s'en ferait donc davantage; et pendant que vous allez rétablir celles que vous avez détruites, il ne s'en ferait pas ailleurs.

Vous n'y auriez donc rien gagné; au contraire, en vous laissant aller à vos penchants vous avez arrêté les progrès de la science qui font les ressources du pays et l'honneur de notre époque ; enfin, vous vous êtes salis, dépréciés par votre obscurité, et d'aussi légitimes raisons que celle qui représente la question des chemins de fer sont reproduites avec autant de légalité sur tous autres accessoires mécaniques.

Quelques-uns de ceux qui ont dévalisé les établissements particuliers avaient bien aussi leur motif de vengeance ; car il y a malheureusement des maîtres d'établissement envers les ouvriers qui, par leur rapacité et leurs mauvais procédés, ont pu s'attirer la malveillance populaire ; mais ils n'en ont pas moins jeté dans la misère des masses de citoyens qui trouvent là leur existence, et dans aucun cas l'innocent ne doit payer pour le coupable.

Eh bien ! au sein d'une société, un homme acquiert des dispositions toutes autres que celles qu'il a reçues de la nature, il se familiarise à l'usage du monde ; il s'entretient avec ceux qui ont le plus d'instruction, parce que ceux-là parlent plus que les autres ayant plus à dire. Son esprit s'élève peu à peu, son âme grandit, et ne tarde pas à lui reprocher l'obscurité de son origine. Les discours d'ouvriers ne sont pas façonnés d'éloquence ; ils sont simples, purs et mieux à portée d'être compris par eux que les phrases des journaux dont la grâce et le luxe compliquent quelquefois la signification ; ils en contractent enfin les bonnes habitudes et rarement les mauvaises ; du reste, au sein d'une société il y a des répressions.

Si le gouvernement déchu nous eût organisés en société comme nous le demandions, il n'y aurait aujourd'hui aucune malveillance à redouter du travailleur ; il n'y aurait pas non plus des scandales déplorables à regretter après la conquête de la République. Mais la liberté fera des progrès ; nous nous instruirons, et le déshonneur de ces orgies restera pour le compte de ceux qui nous l'ont légué.

Les ouvriers ne demandent pas, pour se soutenir, la fortune du riche, ni celle de l'étranger ; ils veulent dès aujourd'hui se créer un avenir par eux-mêmes. Ce n'est pas d'aujourd'hui qu'ils atteignent ces lumières, ce n'est pas non plus le temps qu'ils attendent pour les développer, mais c'est la République. Sous la République, un peuple prospère par l'instruction et grandit par la force de ses sentiments. Dans une puissance au degré de civilisation tel que la France, chaque citoyen mérite d'y jouir, sans distinction, de ses facultés par la liberté et l'égalité des hommes ; les travailleurs, par la fraternité, l'organisation du travail et l'amour-propre qui honore cette généreuse population, feront bientôt disparaî-

tre de la France toutes les traces humiliantes de misère que les monarchies entretenaient avec une sorte
de satisfaction.

Depuis bien des siècles, l'intelligence des travailleurs s'est fait jour à travers bien des obstacles ; elle
a compris la nécessité de fraterniser par l'association,
afin de se prêter un mutuel appui. Les vieilles sociétés de compagnonage en ont été l'exemple ; l'intimité
qui a toujours régné dans les rangs de ses frères collaborateurs, est une preuve des bienfaits de l'association.

Prévenus que l'Etat a besoin de tout ce qu'il possède pour s'établir et se consolider, nous ne lui de-
mandons pas ses capitaux. Nous ne pouvons, ni ne
devons non plus obliger les maîtres ouvriers à doubler nos salaires ; c'est une mesure illégale et un
principe contraire à nos institutions. C'est au
gouvernement à intervenir plus tard , s'il y a nécessité. Il nous a déjà accordé une diminution
sur la durée des heures de travail ; c'était peut-être
imprudent, car cela pouvait déjà indisposer les
chefs de manufactures et autres. Néanmoins nous
prions le gouvernement provisoire d'agréer, par cet
acte de bienveillance, notre sincère gratitude ; et
j'invite mes frères collaborateurs à ne pas perdre de
vue que cette diminution a été accordée pour facili-

ter l'instruction des ouvriers prévenus de leur dévoû-
ment à la prospérité de la France.

L'ouvrier, pour se créer un avenir nouveau, doit
s'entretenir du passé. Ainsi, depuis d'assez longues
années, nous avons vu tour à tour le commerce de
l'industrie française s'accroître et s'amoindrir, et
nous avons remarqué que dans les temps de la plus
grande prospérité, l'ouvrage n'attendait jamais les
ouvriers; au contraire, il y en avait toujours quelques-uns de reste; que devait-il être alors dans les
moments de morte saison ?

Les deux cinquièmes manquaient d'occupation,
épuisaient leurs ressources, et faisaient conséquem-
ment des dupes. Il est vrai que la multitude d'un
peuple, les masses d'ouvriers font la richesse et la
fécondité d'une puissance; mais cela ne profite qu'à
une partie de la population, et l'ouvrier pauvre reste
pauvre, écrasé par l'abondance des bras.

Renvoyer brusquement les étrangers n'est pas
une démonstration fraternelle. Ce grand vide qu'ils
laisseraient derrière eux pourrait aussi nuire plus
tard à notre industrie; et dans ce moment où les
esprits sont inquiets chez nous et chez eux, ce serait aussi imprudent, s'il en mésarrivait; ce seraient
autant de soldats que nous enverrions prendre les
armes contre la France. De plus, ce sont aussi nos

frères ; il n'y a désormais plus que la distance qui nous sépare... et pour ne nuire ni à notre association, ni à notre industrie, ni à la circulation de nos produits à l'étranger, mais seulement pour ralentir l'affluence,

Je propose en échange ces Moyens:

Que tout ouvrier, commis, ou négociant étranger, passant de son pays en France, payera à l'Etat une rétribution totale de 100 fr., distribués ainsi qu'il suit : A son passage à la frontière, 25 fr. ; et pareille somme tous les 3 mois, jusqu'au complément de sa taxe. Seront dispensés de cette loi tous ceux qui traverseront la France, pour aller dans les colonies. Il sera délivré gratuitement à tous ceux qui auraient ou qui seraient en mesure de satisfaire aux dits engagements un permis de libre circulation d'une puissance à l'autre ; et ceux qui s'y trouvent présentement se mettront en mesure de payer la première taxe, à dater d'un mois à partir de ce jour, sans exception et sous peine de se retirer dans leurs foyers. Les femmes ne sont point exceptées de cette loi. Il n'y a rien d'hostile dans ces dispositions ; au contraire, dans un but tout-à-fait sympathique nous exigeons moins d'eux qu'ils exigent de nous chez eux. Nous espérons que cette loi sera, au moins, appliquée à ces derniers.

Les maisons communes, proposées au gouvernement pour l'établissement et le ménage en commun de deux cents familles, dans lesquelles il y aurait une salle d'asyle pour les enfants, un enseignement mutuel, une salle de bains, une crèche, etc., est un excellent moyen pour procurer de l'économie aux familles ; mais pour la question d'avenir, il ne dispense pas des bienfaits d'une association. Ces moyens, pouvant aussi avoir des conséquences graves, soit, par exemple, le montant d'un logement y compris l'éclairage, le chauffage, tous autres accessoires et peut-être encore la nourriture, rendraient le prix de location si élevé, qu'il me ferait craindre, de la part du préposé ou fermier de l'établissement, des mesures rigoureuses et contraires à nos principes de liberté.

Les ateliers nationaux, dans leurs bienfaits, ne laissent pas de prendre leur part dans la gravité des conséquences ; soit, par exemple, l'Etat a besoin de beaucoup de produits industriels pour son propre compte : c'est vrai. Ces dits objets jusqu'aujourd'hui l'Etat s'en est procuré une grande partie par les bras des soldats ; ce qui ne laissait pas de lui procurer une grande économie. Une autre partie lui était procurée par l'industrie privée : c'était toujours le produit des Français, du moins cela devait être; mais ces industriels vendaient à l'Etat concurremment entre eux. A cette conséquence on peut objecter cette raison, que, pour continuer sur les mêmes bases, le Gouvernement, le père de tous, nous protégerait d'une main, et nous tyranniserait donc de l'autre; et si, au contraire, il achetait sans marchander, ou bien qu'il payât généreusement un quart, ou un tiers de plus que les particuliers, ce serait bien préférable; mais alors on se disputerait les faveurs puisqu'il n'y aurait pas du travail, pour tous. Cela n'est donc pas admissible.

Faire tout établir dans des ateliers nationaux aux frais de l'Etat, priverait l'industrie particulière. De plus, il ne faut pas se dissimuler que des établissements de ce genre nécessiteraient une sorte de discipline qui indisposerait d'abord les ouvriers, et ensuite l'administration, et ce serait contraire à nos principes de liberté. Il conviendrait aussi que le prix de journée fût, bien entendu, taxé comme ailleurs. Les conséquences seraient graves alors; nous en avons, du reste, un exemple sous les yeux : c'est l'arsenal de Toulon. Les ouvriers de 2e classe y sont taxés à la journée de 1 fr. 20 c., et la 1re classe à 1 fr. 50 c.; et malgré la médiocrité de ces prix de journée, les travaux exécutés dans cet établissement reviennent au Gouvernement à un prix double des produits ordinaires ; ce qui lui occasionne annuellement un déficit considérable. Cet établissement créé a attiré dans le pays une masse d'ouvriers. Les abus sans nombre, quoique sous un gouvernement sévère, n'ont pu être réprimés ; on y contracte aussi des vicissitudes telles, que les ouvriers qui en sortent sont refusés des maîtres-ouvriers de la ville. Enfin celui qui a des sentiments honnêtes n'y trouve point de satisfaction. C'est en suite de cet inconvénient que j'ai cru utile de prévenir mes frères collaborateurs. Cependant on n'en laisse pas moins exister l'établissement, puisqu'il procure aujourd'hui l'existence à des masses de citoyens ; mais l'Etat n'en est pas moins grevé d'une lourde charge. Que serait-ce alors s'il en existait un grand nombre ? Le Gouvernement, notre père, ne nous tyranniserait peut-être plus ; ce serait, au contraire, notre père qui serait tyrannisé par ses enfants.

Pour se partager fraternellement toutes les faveurs, il faudrait aussi créer des ateliers pour tous les corps d'état différents. Le Gouvernement alors pour se défaire des produits superflus, ou qui ne seraient point à son usage, les livrerait au commerce concurremment avec nos autres frères d'industrie.

Nos institutions républicaines nous imposent de ne point faire de notre Gouvernement un négociant; ce serait contraire à nos principes de liberté; ce serait pour l'Etat une plaie incurable qui ne tarderait pas à le faire mourir; or nous l'avons fait naître; notre devoir nous impose de le faire vivre.

Dans nos ateliers est la vraie liberté; quand on ne se convient plus, on se quitte, et la question est tranchée. Il faut travailler, c'est vrai, bien travailler même; mais le travail n'est pas une punition pour celui qui est animé d'honnêtes sentiments; au contraire, c'est pour lui une satisfaction, une jouissance et un honneur.

Il ne faut pas se dissimuler, comme beaucoup d'entre nous, que, puisque l'Etat se fait d'immenses ressources, nous puissions tous y puiser sans réserve et sans altérer ces ressources; l'Etat, au contraire, a besoin de tout ce qu'il a; si on le réduit, on le paralyse, et on arrête les affaires. Il y a eu des abus, c'est vrai, et nous n'avons jamais su jusqu'où pouvaient aller ces abus, parce que notre position vis-à-vis du Gouvernement nous tenait écartés de ceux qui nous gouvernaient; mais sous notre république ces abus disparaîtront, parce que nous serons tous à portée de les juger, et nous aurons la faculté de changer ou réprimer les corrupteurs; rien donc ne peut nous inspirer plus de confiance que les institutions que nous créons nous-mêmes par la République. Une Chambre de représentants envoyés par les suffrages de tous les citoyens , sans distinction autre que celle de français ; des députés, qui s'honorent de nos suffrages , qui veulent bien se charger de faire exécuter nos demandes, gérer nos affaires, ne méritent-ils pas notre confiance ? Du reste , il y aura des députés qui nous seront familiers , et qui nous rendront compte personnellement des opérations de la Chambre ; parce que vous comprenez bien que nous en enverrons aussi, nous , des députés ouvriers. Il en faut , du reste, c'est nécessaire à nos institutions : mais nous aurons soin , pour nos candidats , de faire choix parmi nous de ceux qui ont le plus de sagesse et de capacité , et par suite nous pouvons confier sans crainte au Gouvernement notre dépôt social et le capital des produits de nos sociétés. S'il trouve , dans cette détermination , des ressources utiles , ce sera pour nous un avantage et un honneur , et nous n'aurons fait par là que compléter l'œuvre de février. Si, au contraire , nous nous séparons de lui, la confiance n'y est plus : nous laissons alors crouler l'édifice que nous avons magnifiquement élevé pendant ces mémorables journées qui servent d'exemple au monde.

Pour élever les sociétés à la hauteur de leur besoin, on ne peut pas taxer la première cotisation des membres au-dessous d'un vingtième du prix de leurs salaires ; mais laissons, du reste, au Gouvernement le soin de régler le prix de nos salaires et de notre cotte. Ceux qui ont un peu la connaissance des choses comprendront bien que ces prix ne peuvent pas être augmentés dans de grandes proportions, en ce moment surtout ; il serait même imprudent d'y toucher. Ils comprendront bien aussi que la Chambre, au début de sa série, ne peut pas, pour satisfaire leur impatience, ajourner les questions d'ordre et de paix, qui sont bien plus importantes. Nous pouvons aussi attendre, nous ne sommes pas bien malades ; nous souffrons, c'est vrai ; mais nous sommes accoutumés à la souffrance, et nous souffrirons tant qu'il le faudra pour le salut de la France.

Pour le maintien et le respect de ces tarifs nous espérons que le gouvernement établira des conseils de prud'hommes dans chaque commune ou canton, qui statueront aussi sur la valeur des ouvrages dont le prix n'aura pu être déterminé par l'administration.

Il est une classe de citoyens dont le besoin se recommande plus particulièrement aux soins du gouvernement. Ce sont les ébénistes de Paris. Il est difficile cependant de taxer le prix des meubles, parce que l'ouvrage est tellement changé et varié par les modes, qu'il faudrait tous les jours de nouvaux tarifs.

C'est une industrie de luxe, dont le produit procurait à son auteur, il y a trente ans, une sorte de satisfaction et de charme. L'ouvrier se trouvait bien dans son atelier; ce travail était agréable et peu pénible; mais il n'en était pas moins difficile. Néanmoins cette dernière question n'effrayait pas les dispositions des personnes qui s'y vouaient; au contraire, chacun paraissait vouloir faire preuve de son intelligence. Aussi il arrive que cette branche d'industriels s'est accrue dans des proportions plus grandes que celles des autres. Joint à cela, les meubles se fabriquent tous à façon. Chaque ouvrier, par conséquent, avait intérêt à développer son intelligence; mais quand la morte saison venait, les prix baissaient et ne se relevaient jamais. Les ouvriers, pour se suffire, étaient obligés de déployer une nouvelle intelligence et un nouveau courage. Jusque-là, c'était un progrès, un bien général, qui ne laissent pas d'honorer notre industrie française; et cela, répété plusieurs fois, obligeait donc les ouvriers moins habiles à devenir des ouvriers même extraordinaires. Tout cela produisait donc beaucoup de bien, si l'on n'envisage que le bien général; mais il n'en est pas moins vrai que cet état, d'agréable qu'il était, est devenu, par suite de la quantité d'ouvrage qu'il faut aujourd'hui pour faire sortir sa journée, le plus rude de tous les métiers. Tout le monde sait que, depuis trente ans, les meubles ont diminué de moitié de leur prix. Le montant des fournitures est toujours le même, le prix de façon a donc diminué de deux tiers. Tout cela est encore un très-grand bienfait à la société, si elle ne s'arrête pas sur les conséquences qui sont telles, qu'à côté de ceux à qui la forte constitution et les facultés intellectuelles permettent de résister, il en est, sans exagération, la franche moitié d'entre eux qui s'en vont, les uns épuisés, mourir dans les hospices; d'autres travaillent plusieurs nuits par semaine pour subvenir à leurs besoins; et les derniers enfin abandonnent le séjour de la capitale, rentrent dans les départements où cette concurrence est moins grande.

En parcourant la situation de ces généreux citoyens du faubourg St-Antoine, on voudra bien ne plus autant blâmer leur exaltation. L'intègre Guizot disait : Ils sont trop nombreux; s'ils ne se mangent entre eux, l'Etat encourt de mauvaises chances, mais nous les réduirons par le canon. On comprendra bien que ce raisonnement n'avait point d'attrait pour la conservation du gouvernement; que quand un peuple se consume par la souffrance, le moindre orage l'enflamme, et le canon ne peut plus arrêter l'incendie, au contraire, il la propage; aussi telle était sa devise : vivre en travaillant ou mourir en combattant.

Eh bien! une multitude de travailleurs français était appelée à subir les mêmes conséquences.

Le progrès des ébénistes est inexplicable. Leurs produits réunissent tout à la fois le goût, la grâce, l'élégance, la solidité, le bon marché, et c'est exécuté à s'y mettre à genoux devant.

Les ouvriers mêmes qui font la camelote ont aussi leur mérite. La camelotte n'a que le défaut d'être des meubles légers, mais ils sont lestement traités et bien finis.

Eh bien! les ouvriers qui ont fait le plus de progrès sont les plus malheureux, et ce n'est cependant qu'aux riches que ces progrès profitent. Mais voilà, ce sont les conséquences de la concurrence; et nous sommes pourtant obligés de la laisser exister cette concurrence, puisque, si nous y touchions la moindre des choses, nous rétrograderions, et le petit bien que nous aurions pu faire deviendrait bientôt un grand mal. C'est par cette liberté d'action que vous êtes devenus si habiles, et c'est aussi par votre habileté que vous faites prospérer la France.

J'ai sondé bien des moyens pour vous venir en aide, et j'ai trouvé celui-ci que je crois préférable aux autres : d'inviter le gouvernement à prélever à la douane sur tous les bois exotiques qui viennent à Paris, un supplément capable de doubler le produit annuel des sociétés d'ébénistes ; cela ne ferait sur les bois qu'une très-petite augmentation ; il est vrai qu'elle retomberait d'abord sur le compte des maîtres ébénistes, mais avec un peu de patience et de bonne volonté, elle ne tarderait pas à passer de mains en mains jusqu'à la bourse du consommateur.

Cette augmentation est indispensable à l'existence des sociétés d'ébénistes, parce que la rudesse avec laquelle ils s'exercent à l'atelier abrége leurs jours, et leur fait beaucoup de malades. Leurs bénéfices sont petits, et le montant de leur cotise ne couvrirait pas leurs frais.

Moyens d'organisation des Sociétés.

Sur la présence de vingt citoyens on pourrait établir le noyau d'une société. Le bureau se composera d'un président, d'un vice-président , d'un secrétaire, d'un trésorier, d'un archiviste, d'un médecin , d'un pharmacien , et du président du comité de surveillance. Ils seront élus à la majorité des suffrages.

On procédera à l'admission de nouveaux membres ainsi qu'il suit : Le citoyen demandant à faire partie d'une société se fera présenter par deux de ses membres, et à la plus prochaine séance. Pendan l'intervalle qui s'écoulera d'une séance à l'autre, il s era pris des renseignements sur sa moralité ; à la séance qui suivra, et en son absence, il sera agréé par la majorité des trois quarts des membres présents, qui ne pourront pas être moins de cent, et au scrutin secret ; à la troisième séance, on lui délivrera son diplôme, il signera son engagement et sera immédiatement enregistré. La société demeure responsable des actes de chacun de ses membres.

Il pourrait s'établir en France un nombre de sociétés indéfinies. Le nombre de leurs membres titulaires n'excèdera pas trois cents. Plus, y jetterait la confusion, compliquerait et surchargerait de travail les bureaux : je désire même qu'on les réduise. Celles qui existent déjà en plus grand nombre se diviseront en parties égales et se partageront tout ce qu'elles possèdent de la manière la plus légale.

Chaque société, quand l'état de son budjet le lui permettra, aura dans son sein des ateliers propres à occuper ceux de ses membres qui seraient sans place ou invalides. Au premier il ne sera passé que juste pour le montant de ses besoins, afin de réprimer, par ce moyen, les abus.

Les fonctions de président et vice-président ont pour objet de veiller à l'exécution du présent règlement, convoquer les réunions extraordinaires, recevoir les rapports des Commissions, en donner connaissance à la Société, former des Commissions, quand il sera nécessaire pour l'examen des questions. Toutes demandes de la parole seront enregistrées au commencement de la séance, et seront distribuées par le président et à tour de rôle. Après le développement de la question du préopinant, toute l'assemblée y prendra part, et on en délibèrera, soit aux voix, soit assis et debout, soit au doigt, et soit au scrutin secret, suivant l'importance de la question. Ensuite sur la demande du président, le silence se rétablira : un nouvel opinant se présentera, et ainsi de suite.

1° Il sera tenu 12 séances obligatoires par an, qui auront lieu tous les premiers dimanches de chaque mois, et à 2 heures de l'après-midi. Un quart d'heure après, la séance s'ouvrira, et ne durera que 2 heures.

Le secrétaire procèdera par l'appel des membres. Les absents seront immédiatement enregistrés et passibles d'une amende de 2 fr., qui sera perçue avec le montant de la cote. On pourra aussi, à son défaut, se faire représenter par un autre membre.

La présence des membres convoqués extraordinairement n'est pas obligatoire ; on s'y présentera en bonne tenue. Le secrétaire enregistrera toutes les questions et résolutions de l'assemblée, y mentionnant l'auteur de chacune.

Après la rédaction du procès verbal de la séance, elle sera levée. A l'ouverture de la séance suivante, le secrétaire donnera lecture du procès verbal de la précédente ; il sera adopté à la majorité des membres présents, et signé du président.

Après l'adoption du procès verbal, le trésorier donnera connaissance de l'état de la caisse, des recettes et dépenses du précédent mois. Le montant des recettes de la société sera versé chaque mois au trésor public, toutefois en se réservant une somme équivalente et au delà des besoins d'un mois. Le revenu de ces fonds ne se capitalisera point ; il sera distribué proportionnellement à ceux qui auront le plus grand besoin ; et après l'approbation de la Commission chargée de cet examen, l'excédant sera distribué à chacun de ses membres.

Le secrétaire et le trésorier iront ensemble, tous les premiers jours de chaque mois et jours suivants s'il y a lieu, percevoir le montant des cotes chez les maîtres. A chaque paiement, ils délivreront un récépissé sur lequel sera mentionnée l'évaluation ,

c'est-à-dire , si c'est pour des journées , ou des produits livrés avec fournitures , ou des travaux simple-
ment à façon , ou des amendes. Lesdits récépissés
seront détachés de la souche du livre de recette.

Les fonctions de l'archiviste sont :

De veiller à l'entretien des salles, des ateliers et
tout autre matériel de la société , de l'entretenir et
d'en faire son rapport à toutes les séances, etc.

Les fonctions de médecin sont :

A l'admission de chaque membre, le docteur donnera, pendant la séance de son élection , des ren
seignements hygiéniques de l'individu, pour éviter
dans la société , soit des maux contagieux, soit aussi
pour lui éviter des frais de traitements onéreux.
Pendant les séances , le docteur donnera aussi des
démonstrations hygiéniques. Les malades et les invalides recevront de la société une rétribution de
3 fr. par jour à chacun.

Pendant le cours de l'année , il donnera aux malades autant de visites que l'état de la personne le
nécessitera, leur délivrera des ordonnances détaillées
de tous les médicaments qui leur seront nécessaires.
Les dites ordonnances seront approuvées, datées et
signées de sa main. Celles qui ne s'élèveront pas à
50 c. seront soldées par le malade.

Fonctions du Pharmacien.

Celui de MM. les pharmaciens le plus en renommée, et qui aura présenté le devis à meilleur compte du prix de ses médicaments, et résidant dans la commune de la société, sera admis par la société ; il délivrera ses médicaments sur l'ordonnance du médecin de la société, et donnera facture du montant au porteur de l'ordonnance. Tous les mois, et en séance, il donnera au secrétaire le compte, totalisé de ces fournitures qui lui sera immédiatement soldé, contre sa quittance datée et signée du jour de l'acquittement. Le consommateur aura soin de produire, à chaque séance, les factures du pharmacien.

Le médecin, le secrétaire, le trésorier et l'archiviste seront appointés par la société.

Comité de Surveillance.

La société se nommera un comité de surveillance à la majorité des suffrages. Le nombre des membres est indéfini. Ils se nommeront un président pris dans son sein et à la majorité. Le président convoquera ses membres en tous propos, les disposera par section de deux à deux, à tour de rôle. Leur service principal sera la surveillance des besoins aux malades, aux invalides, aux ouvriers sans places, aux ateliers de la société, aux salles, à la tenue des livres du bureau, à la caisse, aux comptes, etc.; ils en feront leur rapport au président, lequel le remettra, à la plus prochaine séance, au président de la société. Les secours à délivrer seront ordonnés par le président du comité approuvé par le président de la société, et immédiatement délivrés par le trésorier, soit en bons, soit en espèces, et contre un reçu formel du réceptionnaire. Les bons seront imprimés et porteront les insignes de la société.

Commis.

Tous maîtres-ouvriers, garçons, manœuvres et domestiques, seront tenus de faire partie d'une société. Par la suite, il sera interdit à tous les maîtres d'occuper chez eux des travailleurs n'appartenant à aucune société.

Le prix de tous salaires et la cotisation seront tarifés et protégés par le Gouvernement.

Le taux de la cote sera fixé, pendant la première année, à un vingtième du prix du salaire. Le maître en fera la retenue à ses ouvriers, et ne les versera qu'entre les mains des secrétaire et trésorier de la société dont ils font partie, et contre un récépissé à talon extrait de la souche du livre de caisse.

La cote des ouvriers qui travaillent à façon , sera perçue de la même manière que celle des ouvriers à journée, soit qu'ils travaillent chez eux, soit qu'ils travaillent chez les maîtres. Ils pourront aussi s'abonner.

Les ouvriers travaillant chez eux comme maîtres, et livrant les produits aux marchands, revendeurs domiciliés dans la commune, le prix de façon sera évalué, et leur cote perçue chez le marchand et sans préjudice aux prix de la marchandise. Le marchand pourra aussi s'abonner suivant le nombre d'ouvriers qu'il fait travailler.

Le maître occupant un ouvrier, sa cote sera diminuée d'un tiers. Quand il en aura deux, elle sera diminuée de deux tiers, et quand il en aura trois et au-dessus, il sera tout-à-fait dispensé de sa cote, et il n'en jouira pas moins de tous ses droits de sociétaire titulaire, ou comme membre honoraire.

Toutes les sociétés pourront aussi admettre dans leur sein, des citoyens non travailleurs, mais comme membres honoraires. Ils jouiront des droits de membres titulaires; seulement leur présence aux réunions n'est pas obligatoire, leur cote est fixée à cinq francs par mois.

Chaque société devra, autant qu'il lui sera possible, n'admettre dans son sein que des ouvriers d'un même corps d'état.

Un jeune homme pourra faire partie d'une société, dès qu'il gagnera un franc par jour.

Le prix des journées d'ouvriers sera divisé en trois classes, parce qu'il n'est pas admissible que l'ouvrier jeune, qui travaille mal et lentement, soit payé autant que l'ouvrier consommé. Quand il sera devenu fort, il en fera part au président du comité qui fera examiner ses capacités. La troisième classe consiste en chefs d'ateliers. Il reste aux chefs d'établissement la liberté de choisir, et changer ou renvoyer ses ouvriers ou contre-maîtres, quand bon lui semblera; tout comme l'ouvrier est aussi libre de choisir sa place dans les ateliers où il y en a de vacantes, ainsi que de les abandonner, cependant en se prévenant réciproquement, et dans les formes convenables.

L'admission ou le renvoi des ouvriers exploitant des entreprises, aura lieu d'après les délibérations des compagnies d'exploitation.

Les sociétés de femmes seront établies sur les mêmes bases; mais elles ne sont pas obligatoires. Celles qui travaillent chez elles pourront s'abonner à une taxe équivalente à peu près à la cote de celles qui travaillent à la journée.

Les femmes des sociétaires, mariées toutefois légitimement, recevront des secours de la société comme membres titulaires, à l'exception de la distribution des revenus du capital de la société, sans autre condition exigée d'elles, que celle de la moralité. Les femmes veuves continueront a jouir de leurs droits.

Les membres du bureau seront renouvelés toutes les années, ainsi que le comité de surveillance; et ils seront rééligibles, dans la séance de décembre.

Toutes les sociétés prendront une dénomination distincte entre elles.

Les ouvriers étrangers sont aussi tenus de faire partie des sociétés.

Les changements à apporter dans le réglement seront admis à la majorité des suffrages et sanctionnés par la Chambre des députés. Cette mesure est nécessaire pour prévenir les soupçons de faveur entre les sociétés. Nous sommes frères par le Gouvernement et par la société, et pour maintenir l'ordre et la paix dans notre famille. Rien ne doit s'y passer, qu'il ne soit porté à la connaissance de tous.

Les citoyens garçons ou célibataires seront plus profitables à la société que les hommes mariés, comme étant seuls; mais nous ne ferons aucune distinction à cette considération, pensant que nos frères seront satisfaits d'être utiles à nos sœurs par cet acte de désintéressement; nous les invitons à se distribuer dans les sociétés avec proportion.

Les ouvriers voyageurs, en quittant une ville, se feront délivrer un acquit par le président, lequel mentionnera la conduite du citoyen, pendant son séjour dans la société de laquelle il faisait partie. Avec ledit acquit et les autres titres du sociétaire, il sera reçu dans une autre société, et continuera à y jouir de ses droits.

Seront refusés ou renvoyés de la société tous citoyens qui par suite d'inconduite, ou d'immoralité quelconque, se seront rendus indignes de nos frères; le rapport en sera fait au président à la plus prochaine séance ; on en décidera, séance tenante et à la majorité des suffrages des membres qui ne pourront pas être moins de cent.

Les paresseux ne sont point exceptés des mesures prises par le présent article, considérant que notre industrie a besoin de croître et se développer, pour améliorer la position de la population laborieuse ; elle n'a rien de trop, puisqu'elle n'a pas assez ; il y a donc à faire pour tous; elle ne peut donc pas nourrir des fainéants.

Comme il arrivera que des déplacements éloigneraient par trop des sociétaires du foyer de la société , il sera accordé des permutations.

Les frais de funérailles d'hommes et femmes des sociétaires sont à la charge des sociétés , ainsi que l'achat des vêtements de deuil des membres restant, soit hommes ou femmes , et enfants en dessus de 15 ans et à la charge de leurs parents.

Le sociétaire , après 10 ans de présence à la so-

ciété , et qui aura rempli dignement ses engagements , sera admis à la retraite à l'âge de 50 ans.

La veuve du sociétaire , pourvue de bonnes
mœurs, sera aussi admise, à l'âge de 50 ans.

Le premier recevra de la société un traitement
de 3 fr. par jour, et le deuxième un id. de 1 fr. 50.

Le soldat qui a fait 30 ans de service a mérité la
retraite. Eh bien ! le travailleur qui, pendant 30
ans, a fait profession d'honnête homme, qui a élevé
une famille, qui a vécu sobrement ou de privation,
a bien aussi essuyé les vicissitudes du temps. N'a-t-
il pas servi son pays aussi dignement qu'un soldat ?
Est-il juste qu'il finisse ses jours dans l'opprobre? La
destinée , qui a frappé nos frères de ce pitoyable
dénouement, n'est que l'œuvre de nos tyrans ; car,
en résumé, cette retraite coûtera-t-elle quelque chose
de plus à la France? non rien. Que ce soit l'huma-
nité qui délivre les secours , ou bien qu'ils soient
délivrés par une société, il n'en sera pas plus consommé d'une part que de l'autre ; ce sont toujours
des aliments fournis par le sol.

Par cet ordre social , l'ambition et l'égoïsme s'a-
moindriront, puisqu'on ne craindra plus de man-
quer du nécessaire ; les mœurs y prendront aussi
une large part, puisque c'est de la misère que nais-
sent les vicissitudes ; lorsque l'honnête vieillard ,

pour se suffire, n'aura qu'à demander aux lieux où il lui est dû. Son âme grande et généreuse sera dégagée de cette humiliante oppression de l'aumône, qui flétrit et dégrade l'homme.

Le Gouvernement aussi, au lieu d'opprobres pour contenir le peuple, se trouvera, au contraire, protégé par lui, puisque tout citoyen aura un intérêt direct à l'ordre social ; là sera la véritabe fraternité.

La distribution des revenus des capitaux de la Société aura lieu en séance solennelle tous les ans pour la célébration des journées mémorables de la République. La Société donnera un banquet dont les frais seront déterminés et prélevés sur la caisse.

On trouvera peut-être, par les dispositions de ce Règlement que les maîtres sont un peu favorisés ; mais on s'apercevra d'abord que nous les chargeons aussi d'une assez lourde imposition, puisque nous nous plaisons à croire que le Gouvernement ne prélèvera pas nos cotisations, en diminution de nos salaires. Les maîtres ne font pas de grands bénéfices ; ce qui le prouve, c'est que, parmi les ouvriers qui travaillent, il y en a presque la moitié qui ont été établis, et qui ont renoncé ; nous voudrions, au contraire, pouvoir leur faire plus. Mais en échange ils se trouveront protégés par nos institutions contre les augmentations exagérées, qui leur sont demandées de toutes parts par les ouvriers en grève. Ces derniers ne sont pas non plus dans leurs droits, puisqu'ils exigent des maîtres ce qu'ils ne peuvent pas faire. Les maîtres ne sont pas plus riches que nous ; ils en ont seulement l'apparence, parce qu'ils ont plus de crédit. Si vous aviez à faire directement à des riches, vous auriez plus de chances de succès ; mais nos maîtres sont tous pauvres. Que voulez-vous donc que vous donne celui qui n'a rien ? « Tirez donc du sang d'une pierre », dit un ancien proverbe... et vous vous plaignez des autorités, qui s'opposent à vos démarches. Nous n'avons donc pas la véritable république, dites-vous, puisque nous ne sommes pas libres.

Eh bien ! je suppose, un moment, qu'on vous laisse faire votre volonté : vous vous ferez donc payer la moitié ou le double des prix d'auparavant, si toutefois vous aviez assez de sagesse pour vous donner des limites. Eh bien ! tout ce qui est commencé se finira, quoique ce ne soit pas très-probable ; mais, après cela, il ne se recommencerait pas autre chose. En fait de construction, par exemple, l'entrepreneur sera aussi obligé d'élever ses prix, et assez pour rétablir l'équilibre ; le capitaliste, je suppose même qu'il y mette tout le bon vouloir possible pour vous complaire, n'en fera pas moins son compte avant de commencer ; et, d'après les données établies sur ces bases, il se dira : Non, la spéculation ne vaut rien ; à ce taux-là, elle ne produirait pas, je ne la fais pas ; les entreprises s'arrêteraient donc, et les ouvriers ne travailleraient plus. Alors vous reviendrez à la charge du Gouvernement; vous l'obligeriez à vous ouvrir des ateliers nationaux, toujours à de bons prix, bien entendu. Mais pour se défaire des produits, le Gouvernement ne trouverait pas. Il ne trouverait pas, non plus, des débouchés à l'étrauger. Voilà donc le Gouvernement entraîné par votre exigence dans de grands frais, dans des pertes considérables. Pour parer à ces désastres, il faudrait augmenter les impôts, les doubler, les tripler; et partout on crie assez contre les impôts; on entend assez de plaintes, Dieu merci, et de justes plaintes. On aurait aussi bientôt épuisé toutes les fortunes médiocres, et on viendrait même à bout de celles des plus riches : or, il faudrait que tous propriétaires et rentiers ne travaillassent plus que pour satisfaire la rapacité et l'exigence des ouvriers. Alors l'oppression par nos tyrans aurait tout-à-fait disparu, c'est vrai ; mais en échange, nous leur aurions créé une tyrannie qui ne serait pas moins criante. Nous nous plaignons de nos oppresseurs, et nous les ferions pires par notre imprévoyance; nous renverserions nous-mêmes nos institutions, et cela n'irait pas loin. Vous voyez donc que vous manquez de capacité pour gouverner; il faut donc y renoncer.

Pour arriver à votre but, je partage votre opinion dans ce sens, que nous avons besoin de gagner davantage. Ceux d'entre nous qui ont de la famille à élever ne peuvent pas vivre de privations, c'est-à-dire, manger des pommes de terre, boire de l'eau; et pour travailler, conserver ses forces intellectuelles et morales, cela n'est pas possible.

Mettons de côté ceux qui ont de mauvais penchants.., ceux qui ont bonne intention de vivre dans les conditions d'honnêtes gens n'en contractent pas moins des engagements, des crédits envers leurs fournisseurs de pain, de viande, etc., que le moindre retour met dans l'impossibilité d'y faire face. Ils sont alors assaillis, dépréciés, hués, confondus indistinctement avec la canaille, et cela, parce qu'ils sont pauvres, et ils n'en sont pas moins animés de bons sentiments. N'est-il pas déplorable que dans la société, dans notre France civilisée, en cela seul qu'un homme est pauvre, on ajoute à sa misère en le confondant avec la canaille? On peut parer à ce ma qui déshonore notre cité, mais ce n'est qu'avec le temps et les soins d'une bonne administration qui élèvera tous les ans insensiblement le taux de nos cotes sociales; les chances s'aplaniraient avec mesure, et les intérêts de personne n'en seront froissés. Ce moyen n'empêchera pas à ceux qui ont des capitaux de les faire valoir, ni à ceux qui ont des capacités de prospérer, ni à ceux qui ont de l'ordre, de faire des économies, et enfin, à ceux qui ont de la fortune et des qualités, de les conserver et les accroître. Dieu bénisse la République et nos institutions sociales, et le monde sera témoin des progrès de notre civilisation, par la disparition de la misère, et les riches qui, dans ce moment, tremblent de peur du pillage, ne se trouveront plus entourés que d'honnêtes citoyens.

Les propriétaires cultivateurs, ouvriers et domestiques, se conformeront au présent Réglement.

Mais comme il arrive que la culture est délaissée pour le séjour de la ville, où les travaux sont moins rudes et mieux rétribués, et qu'il importe de rendre à la culture sa part au progrès, que c'est de la culture qu'émanent toutes les richesses d'un pays, nous devons donc nous empresser de lui rendre les bras qui lui manquent.

En conséquence, nous invitons le Gouvernement à nous faire, à ce sujet, une petite allocution, qui doublerait à peu près le produit de chaque société de cultivateurs, et qu'elle soit prélevée annuellement sur les fonds dont la propriété foncière est grevée.

Sans cependant que cela nuise à l'excès des membres honoraires dans lesdites sociétés.

Pour rallier toutes les sociétés en une seule famille, nous établirons le foyer central au ministère; chaque société, tous les mois, y adressera un extrait du procès-verbal constatant l'état de la caisse, ses recettes et dépenses et ses principales opérations. Le ministère réunira ses extraits de toutes les sociétés, en composera un journal qu'il imprimera, et en adressera un exemplaire tous les mois à chacune des sociétés.

Les maires seront de droit présidents honoraires des sociétés de leur commune ; ils assisteront aux séances pour nous donner communication des opérations de toutes les soeiétés de France. En leur absence, ils pourront s'y faire représenter par un délégué.

Il est aussi nécessaire que nous ayons connaissance du montant des caisses de chaque société , parce qu'il est évident que les chances favoriseront les unes et léseront les autres ; mais comme nous sommes tous animés du même sentiment et frères , que nous sommes tous égaux, il importe aussi que par mes soins nous marchions de pair, et que nous maintenions l'égalité et fortune de nos caisses.

Mais il ne faut pas que ces dernières dispositions nous inspirent de la défiance. Les autorités vont se trouver à la tête de nos sociétés, c'est vrai ; elles en auront presque le commandement, c'est encore vrai ; mais nous devons leur accorder cette confiance. Ce sont aussi nos frères, ce sont les mêmes que nous envoyons pour nous représenter devant l'Europe, devant le monde, qui nous représenteront devant nos collègues ; et s'ils ne s'acquittaient pas dignement de leur mission, nous avons encore la faculté de les changer. Si, au contraire, on se divise, si on se redoute, on sème la désunion, et avec la désunion, la République n'est pas solide, elle ne peut pas même exister, et la société non plus. La République n'est qu'*un ;* si nous nous donnons des commandants, et que nous ne leur obéissions pas, ça fera *deux...* deux partis qui se combattront, qui se neutraliseront. Il faut, au contraire, se rapprocher, se soutenir ; il faut se confier ses idées. Il faut que tout se sache en famille pour prévenir le mal. Entre frères on doit s'ouvrir son cœur et se lier le plus étroitement possible. Si ces principes sont bien entendus, la République fera la gloire et le bonheur des peuples.

La dépense annuelle d'une société de trois cents membres est, terme moyen, de :

DÉTAIL.

Frais de bureaux. . . . . 100 fr.

Traitement des secrétaire, trésorier, et
    archiviste conservateur 1,000

Aux malades, sur une moyenne de deux
    par jour à six francs 2,190

Médicaments. 1,000

Traitement du médecin.. 600

Secours aux retraités et aux invalides. . . 5,000

Loyer de la salle des réunions et des
    ateliers. 1,000

Aux sociétaires sans places. 1,000

Dépenses imprévues. 1,000

Non valeur. 1,000

                                ————

                  TOTAL. . . . . 13,890 fr.

Le revenu des cotes annuelles en les portant terme moyen à 30 fr. par chaque membre, pour 300 montant 9,000.

On voit que, par la modération de notre conduite, la première année, nous n'arrivons pas au pair; en conséquence, nous espérons que l'année prochaine les autorités voudront bien doubler le taux des cotisations, sans préjudice à de plus grands besoins ; il est nécessaire qu'une société ait aussi un fonds de réserve pour parer au coup d'une crise financière.

Les projets de société de travailleurs, par lesquels ils se proposent d'exploiter les entreprises de tous travaux d'industrie, peuvent avoir leur bon effet ; mais seulement pour les travaux qui produisent beaucoup. Ceux qui produisent peu, ou tout-à-fait rien, et qui sont en plus grand nombre que les autres, ne laisseraient pas d'entretenir la misère. Quant à ceux qui gagneraient pour venir eu secours de leurs frères, le superflu de leurs bénéfices ne suffirait pas à leur soulagement ; et au lieu de se partager leur bonheur, ils ne feraient que se partager leur misère ; s'ils augmentent le prix des travaux, ils en diminueront la quantité, et le mal sera toujours aussi grand.

Telles entreprises ou commerce qui produit entre les mains de son auteur, ne produirait pas entre celles d'une société nationale ; parce que, je le dis à regret, et en faisant une large part aux honnêtes gens, que la plupart des fortunes acquises dans le commerce, l'ont été par des moyens peu délicats, soit en exploitant les positions individuelles, soit en se dérobant par des moyens adroits à ses engagements, et sont arrivées à élever leur édifice sur les débris lamentables de leurs victimes.

Eh bien ! une société nationale ne peut ni ne doit

employer de tels procédés ; elle perdrait donc là, où le pirate du commerce gagne, et elle se tromperait de cette manière sur une infinité d'entreprises auxquelles beaucoup de citoyens d'entre nous ne s'attendent pas, puisqu'ils se basent sur les apparences des riches, que beaucoup d'entre eux n'ont pas ce qu'ils paraissent avoir ; et ceux qui ont réellement, Dieu sait les intrigues qu'ils ont commises et les dupes qu'ils ont faits pour y parvenir.

Mes chers collaborateurs, ne vous aventurez pas trop dans les entreprises commerciales, parce que le mal est trop grand, il vous en coûterait pour le guérir.

Ce genre d'exploitation sur la propriété foncière y perdrait aussi beaucoup, parce que jamais un colon, travaillant pour la communauté de sa colonie, n'aura autant de courage, ni ne donnera autant de soins à ses productions, que le propriétaire qui est directement intéressé. Les travaux de cultures nécessitent beaucoup de soins journaliers, ils sont aussi très-rudes, et la rigueur des saisons est aussi très-pénible à supporter ; une discipline serait indispensable dans chacune de ces colonies, et tout cela me donne des craintes pour le succès de l'entreprise. Je suppose encore que le propriétaire se prête à la circonstance, qu'il veuille bien abandonner sa propriété, par un

revenu plus ou moins élevé, ou de toute autre manière, ce sera déjà une question à débattre avec
chaque particulier. Maintenant ceux qui ont acquis
leur propriété à la sueur de leur front, qui s'y sont
attachés en raison des peines qu'ils se sont données
pour l'acquérir, me donnent encore une nouvelle
crainte du succès de l'entreprise.

Et en résumé, qu'auriez-vous fait? après tout vous
auriez désintéressé tous les citoyens les plus achar-
nés à leur prospérité, ceux qui par leur aptitude,
l'émulation et le courage, font produire au sol tout
ce que le progrès permet de faire. Vous vous seriez
donné toutes les charges de la gestion, et les chances
de gain ou de perte. Ce moyen à mon avis ne peut
avoir de chances de succès, que dans le nouveau-
monde où le sol produit presque sans culture.

Toutefois, je me plais à croire que ceux de mes
collaborateurs qui visent à ce moyen, auraient le
projet de faire leurs épreuves sur les terres incultes
que la France possède, et non pas celui de déplacer
aucun citoyen par la force; à chaque citoyen doit
être la libre faculté de faire l'offre de ses biens ou de
ses fonds, quand l'entreprise lui paraîtra favorable.

Défiez-vous des préjugés, le peuple n'est pas si
fort qu'il croit être; il fait bien les révolutions,
mais les révolutions font le chômage du peuple et
le tuent.

Soyons plus prudents, n'entreprenons que ce que nous pouvons faire. Le moyen d'organisation que je propose peut être mis en usage dès à présent, sans froisser ni la liberté ni déplacer les intérêts de personne; il n'est pas non plus en contradiction avec les projets que je viens de combattre; au contraire, je crois que ce n'est que par là que l'on pourra y arriver plus tard, si cela promet quelque chose de profitable; mais pour le moment, c'est le moyen le plus sûr et le plus prompt pour tirer le travailleur de cet affreux avenir qui exaspère les peuples.

J'approuve le Gouvernement provisoire dans l'abolition du marchandage, en ce qu'il améliore le sort des ouvriers et qu'il facilite l'exécution de mes moyens d'organisation; mais ce n'est pas moins un coup porté aux progrès de l'industrie; c'étaient ses intérêts directs, qui donnaient l'émulation par laquelle l'artiste prospérait. Pour piquer son amour propre, et lui ranimer cette émulation, il faut que le Gouvernement donne en échange beaucoup d'expositions, de récompenses industrielles et agricoles.

Voici donc désormais tous les travailleurs tirés de leur affreuse destinée, n'ayant plus de plaintes à donner, ni de regrets à inspirer.

Il ne reste donc plus que cette classe d'hommes qui, flétris par l'immoralité, se sont rendus indignes de la société ; qui aujourd'hui encore la déprécient, la déshonorent, puisqu'ils sont confondus dans la masse. Nous sommes tous frères par nos institutions, mais nous sommes cependant trop fiers de trouver le moment favorable de nous séparer d'eux.

Pour cette classe d'hommes les ateliers de l'Etat sont nécessaires, et la discipline aussi.

Il y a encore les invalides honorables, que nous laissons à regret aussi à la charge de l'Etat.

Nous nous sommes fait, je pense, une part assez large, au soutien des malheureux, et nous espérons que les riches accepteront celle des invalides avec bienveillance.

Nous aurons donc rempli toutes les conditions humaines que la nature exige de nous ; laissons à Dieu le soin de faire le reste.

Ce n'est point l'ambition qui surgit dans les dispositions dont vous venez de prendre connaissance, quoique nous sachions bien que les associations ont quelque chose d'alarmant pour l'avenir des fortunes particulières, que le phalanstérien aussi doit sourire à cette sorte d'organisation ; car c'est là vraiment le seul moyen possible d'arriver à la communauté, et cela se comprend dans ce sens, qu'en élevant un peu le taux des cotes, et capitalisant le revenu des caisses, les sociétés arriveraient avec le temps, à soutirer non-seulement les finances, mais encore la propriété, et les propriétaires viendraient tous tomber dans le piége.

Je suis tout pénétré des bonnes sympathies de ce système de gouvernement, parce que c'est celui qui se rapproche le plus des principes fraternels que nous recherchons aujourd'hui ; mais le système serait, sinon impossible, du moins chanceux et dangereux.

Et puis, la communauté une fois établie, la propriété abolie, la famille aussi, vous n'auriez plus à vous occuper que de faire produire au sol les aliments qui nous sont nécessaires, et puis tout stimulant du progrès, l'émulation dans les arts et les sciences, disparaîtront évidemment avec les besoins, puisqu'on aurait tout ce qui est nécessaire à l'espèce humaine, du moins c'est ainsi que vous l'entendez ; car s'il en était autrement, il n'y ferait pas bon.

Les besoins cependant sont les principes moteurs du progrès ; l'histoire nous dit que les puissances qui par leur position topographique, la nature du sol et celle du climat, ont été obligées de cultiver pour s'alimenter, se vêtir et se loger, sont celles qui ont possédé les premiers agréments, les premières sciences, sont aussi celles qui ont commandé, et qui se sont fait obéir du monde entier ; et celles au contraire sous un climat chaud et sur un sol qui produisait sans culture, sont restées dans l'ignorance et l'esclavage.

Ne craignez-vous pas que nous retombassions par cet état d'indolence dans une marche rétrograde, et que les autres puissances profitassent de notre faiblesse pour nous asservir, car notre art militaire y perdrait aussi.

Ce serait une réforme dans l'ordre social, de laquelle vous n'envisagez pas la possibilité de nos jours; ce serait vouloir jeter la division dans la république et perpétuer la révolution; son application, enfin, serait tyrannique et sanglante.

Cela nous répugnerait. Jusque-là nous ne ferions bien, cependant, que de donner le change à ceux qui nous tyrannisent, même encore aujourd'hui, ceux qui par leurs procédés hideux, et leurs moyens adroits, savent si bien s'approprier la part des autres. N'est-ce pas avilissant que l'usurier, le procureur, l'usurpateur, etc., s'emparent de votre bien, ou des fruits de votre industrie; que l'on vous en distribue ensuite quelques parcelles, en se faisant gloire de vous faire du bien, de vous faire l'aumône? je m'arrête, c'est trop longtemps marcher dans la boue... Le but de notre projet n'est pas la tyrannie, nous ne sommes ni usurpateurs, ni communistes, et nous justifions notre innocence, en mettant entre les mains du Gouvernement le droit de disposer de notre avenir.

Victor VIOSSAT.

Chanoine, impr. à Lyon, 18, pl. de la Charité.